LES LOIS OUVRIÈRES

AU POINT DE VUE

DE L'INTERVENTION DE L'ÉTAT

PAR

M. E. CHEYSSON

Inspecteur Général des Ponts et Chaussées.

(Communication faite à la Société d'Economie politique
dans sa séance du 5 février 1894.)

PARIS

LIBRAIRIE GUILLAUMIN ET Cᵗᵉ

Éditeurs de la Collection des principaux Économistes, du Journal des Économistes
Du Dictionnaire de l'Économie Politique,
Du Dictionnaire universel du Commerce et de la Navigation,
Rue Richelieu, 14.

1894

LES LOIS OUVRIÈRES

AU POINT DE VUE

DE L'INTERVENTION DE L'ÉTAT

LES LOIS OUVRIÈRES

AU POINT DE VUE

DE L'INTERVENTION DE L'ÉTAT

M. E. Cheysson prend la parole pour exposer la question.

Il commence par rappeler que, dans sa séance du 4 novembre dernier, la Société d'économie politique a discuté la question de l'intervention de l'État dans le contrat du travail. M. Y. Guyot a fait un brillant exposé des inconvénients de cette intervention, qui lui paraît une « conception régressive » et il a conclu que le mieux était de s'en rapporter aux arrangements librement consentis. M. Limousin a rompu une lance en faveur de ce socialisme modéré, dont il est le représentant isolé parmi nous. A la fin de la séance, M. Cheysson a proposé de ne pas terminer la discussion sur des conclusions aussi générales et dogmatiques, mais de serrer de plus près la question, en entrant dans le détail des espèces, de ne pas condamner toutes les interventions de l'Etat « en bloc », et de rechercher scientifiquement et à la lumière des principes, ainsi qu'il sied dans une société comme la nôtre, si à côté de ces interventions blâmables il n'en est pas d'excusables, il n'en est pas même qui soient louables et bonnes.

Cette proposition a été admise, et M. Cheysson a été chargé d'amorcer aujourd'hui cette reprise de la discussion ainsi élargie et ramenée des hauteurs spéculatives sur le terrain pratique des applications.

Tout d'abord, il déclare qu'en présence du champ si vaste qui s'ouvrait devant lui, il a éprouvé l'embarras de se circonscrire à des proportions discrètes. Il ne le pourra qu'en se résignant à être forcément sec et incomplet.

Pendant que les économistes, fidèles à leurs traditions qui remontent jusqu'à leur précurseur Diogène, demandent à l'État de « s'ôter de devant leur soleil », les parlements à l'envi obéissent à une tendance inverse et aggravent chaque jour les interventions de l'État.

Sous la poussée de la démocratie, de l'avènement du suffrage universel et des grandes transformations industrielles, l'État se mêle de plus en plus de ce ménage économique, auquel il restait jadis étranger. La loi, qu'on reléguait volontiers dans une sphère élevée, d'où elle planait sur les intérêts sans en troubler le libre jeu, a pris pied sur le sol et n'hésite plus à pénétrer dans l'atelier pour y régler minutieusement les conditions du travail.

Soudainement appelées à l'exercice de la souveraineté, les foules ont voulu légiférer à leur profit et elles ont fait sommation à la loi de résoudre « la question sociale » par l'accroissement des pouvoirs de l'État, à la condition qu'il en use dans leur intérêt, puisqu'il se confond avec elles et qu'il émane de leur volonté.

Les parlements, de leur côté, sont en bien mauvaise posture pour résister à cette pression populaire. C'est la masse électorale qui les a constitués et ils doivent lui obéir. Ils sont d'ailleurs pénétrés des aspirations qui la soulèvent et ils partagent sa foi dans l'efficacité des remèdes qu'elle leur impose.

Quant aux gouvernements, ils cèdent à ce même courant pour ne pas se laisser déborder et pour bénéficier de la popularité qui s'y rattache. C'est ainsi que nous avons vu M. de Bismarck, en même temps qu'il combattait le socialisme d'en bas par ses lois d'exception, lui confisquer son programme pour l'exécuter par le socialisme d'en haut.

Ce mouvement n'est pas particulier à tel ou tel pays, il est général. Partout les mêmes causes produisent les mêmes effets, les lois dites ouvrières ou sociales se multiplient et tendent à réagir de plus en plus profondément sur l'organisation du travail.

Si l'on compare ces diverses législations sur la réglementation du travail et la protection des travailleurs, on est frappé : d'abord, de la date relativement récente de la plupart des lois qui les composent ; ensuite, de leur similitude. Évidemment les mêmes préoccupations agitent tous les peuples ; les mêmes problèmes se posent partout à la fois et reçoivent des solutions voisines. Grâce aux facilités inouïes de transport qui ont rapproché tous les pays et, en dépit du protectionnisme, tendent à en faire un seul marché ; grâce à la diffusion de la presse, aux fédérations syndicales, aux câbles électriques qui enlacent le globe comme un réseau de filets nerveux, les peuples se sentent les coudes ; les cœurs vibrent à l'unisson ; la même idée circule partout au même instant sans connaître de frontières ; elle oblige les pays en retard à se mettre au niveau de ceux qui les ont avancés ; elle commande et la loi obéit.

C'est dans cet air de parenté des différents codes sociaux que

M. Decurtins puisait son principal argument pour réclamer cette réglementation internationale du travail, que l'empereur Guillaume II a inutilement essayé de réaliser par sa fameuse conférence de Berlin en avril 1890.

Ainsi, partout le même phénomène : sous l'action convergente de causes multiples et profondes, l'intervention de l'État est en pleine faveur dans les masses populaires, même dans les milieux bourgeois, qui jouent avec le socialisme, comme les nobles au dernier siècle jouaient avec la philosophie et la révolution ; elle s'installe en maîtresse dans les parlements et y fait chaque jour de nouveaux progrès.

En face d'un pareil débordement, les économistes doivent-ils, comme les prophètes d'Israël, se borner à se voiler la tête de leur manteau et à se lamenter stérilement sur les aberrations du siècle, en leur jetant l'anathème à toutes sans distinction ? Ce serait abdiquer et se condamner à l'impuissance. N'est-il pas à la fois plus politique et plus scientifique de procéder à un criblage, de chercher, comme autrefois Virgile le faisait pour ce bon Ennius, s'il n'y a pas quelque perle égarée dans le fumier socialiste, en un mot de délimiter dans les applications faites ou projetées les interventions légitimes et celles qui ne le sont pas ? Telle est la tâche à laquelle M. Cheysson convie la réunion.

Difficile est cette démarcation entre le domaine de l'État et celui de l'initiative privée. L'on n'a trouvé ni méthodes, ni instruments, ni géomètres pour tracer cette frontière avec précision. Les maîtres s'y sont essayés, et leur travail est sans cesse à refaire. En effet, cette limite est mobile et se déplace continuellement au gré de l'opinion publique et des mœurs. Il y a là, suivant le mot à la mode, une évolution dont les phases seraient curieuses à noter : certains règlements sont prématurés, d'autres démodés. On dirait des vêtements qu'il faut ajuster à la taille d'un enfant à mesure qu'il grandit, comme à ses goûts à mesure que son esprit se forme. A un moment donné, les mœurs sont plus ou moins rebelles à certaines interventions, plus ou moins favorables à d'autres ; elles les appellent ou elles les repoussent. L'opinion publique a son éducation, ses engouements, ses exigences, son « état d'âme », dont il est difficile à la science de faire complètement abstraction. Nous avons aujourd'hui, en matière de protection des humbles, des petites gens, des idées que n'avaient pas nos pères, et qui ont violemment déplacé la limite de ce qui semble permis à l'État et de ce qui lui est interdit.

C'est ainsi que les grandes enquêtes anglaises, sur les abus de l'industrialisme, ont amené, par leurs révélations, un mouvement d'opi-

nion publique qui a abouti aux lois sur la protection des femmes et des enfants employés dans les manufactures, les *Factories Acts*. Quelque gênantes que ces lois aient pu paraître aux industriels, ils s'y sont soumis sans protester, et aujourd'hui, bien loin qu'elles soient considérées comme une entrave à l'essor de l'industrie, bon nombre de personnes y verraient plutôt un stimulant pour elle et un bienfait, non pas seulement social, mais encore économique. Dans son livre : *Reign of law*, le duc d'Argyll déclare que « ce siècle avait fait deux grandes découvertes dans la science du gouvernement : le libre-échange et la réglementation du travail ». Le rapport de M. Horner, inspecteur des manufactures pour l'année 1859, contient la déclaration suivante, à propos des *Factories Acts* : « L'expérience des vingt-six dernières années m'a donné la conviction que l'intervention législative pour réglementer le travail des enfants, des jeunes gens et des femmes, est considérée aujourd'hui par un grand nombre de patrons comme ayant fait beaucoup de bien, sans porter préjudice à leur prospérité. » Depuis lors, cette opinion semble encore avoir gagné du terrain. Sous la pression de la contrainte légale, les industriels ont amélioré leur outillage, accommodé la marche de leurs ateliers aux prescriptions qui leur sont imposées, et ils sont arrivés à concilier le succès croissant de leurs affaires avec les égards que la loi leur commandait vis-à-vis de leur personnel.

Telle est, précisément, la thèse soutenue avec une grande abondance de preuves et de citations, par Mlle Jeans, dans un mémoire intitulé : *Effets de la législation sur les fabriques en Angleterre*, et couronné par le *Cobden club* en 1891 [1]. Le fait de cette récompense accordée par le sanctuaire de l'économie orthodoxe à un pareil mémoire, est à noter comme un signe des temps.

D'après les rapports des inspecteurs sur la loi allemande, *Gewerbe Ordnung*, entrée en vigueur le 1er avril 1892, les mesures relatives à la protection des enfants et des femmes auraient produit en Allemagne des résultats analogues, et seraient acceptées sans protestations par l'opinion publique et par les industriels.

Si notre loi française du 2 novembre 1892 a amené en 1893 une cinquantaine de grèves (dont le premier numéro du *Bulletin de l'Office du travail* donne le détail), ce n'est pas que le principe de la loi soit contesté, c'est que, malgré sa lente élaboration, elle n'a pas été étudiée d'assez près dans le détail, et que l'application ne s'en est pas encore tassée. Avec quelques retouches faites à propos, et

---

[1] Voir *Revue d'Économie politique* (janvier et février 1892).

après un certain temps de fonctionnement, on s'y accoutumera comme en Angleterre et en Allemagne.

Voilà donc une première intervention de l'État, à laquelle les économistes n'ont rien à redire, au moins en principe. Volontiers ils répéteraient, après Rossi que : « Quand l'application du travail est contraire à un but plus élevé que la richesse, il ne faut pas l'appliquer. » L'État est dans son rôle, quand il empêche la spéculation d'exploiter l'enfance, de compromettre la race, et de tarir dans sa source la population et la production elle-même, c'est-à-dire quand il défend ceux qui sont trop faibles pour se défendre eux-mêmes.

Mais arrivons aux adultes proprement dits. L'État a-t-il le droit de se désintéresser absolument de ce qui les concerne ? Envisageons successivement l'ouvrier dans chacune des crises qui peuvent menacer son existence ou son salaire : la maladie, l'accident, la vieillesse.

Contre ces crises, le remède qui peut, non les prévenir, mais en conjurer les conséquences matérielles, c'est l'assurance. Elle répartit sur beaucoup de têtes les mauvaises chances de la vie, de manière à en alléger le poids pour chacun de ceux qui sont frappés, et à substituer à l'individu qui est la victime et l'esclave du hasard et de ses caprices, la collectivité qui obéit à des règles immuables.

Il faut donc que les ouvriers soient assurés ; nul ne le conteste. Mais, sans autoriser l'État à imposer l'obligation de l'assurance et à se faire lui-même assureur, doit-on lui interdire toute intervention pour amener les ouvriers à ces mesures de prévoyance ?

La maladie d'abord. L'institution d'assurance contre la maladie, c'est la société de secours mutuels. « Elle est, a dit M. Léon Say, la cellule originaire autour de laquelle toutes les organisations vouées à l'épargne peuvent successivement se grouper. — L'État, ajoute-t-il, doit avoir la préoccupation constante des sociétés de secours mutuels ; il peut, au besoin, leur prêter le secours de son organisation administrative : *il n'y a rien là qui doive effrayer un économiste,* mais c'est à la condition de respecter la liberté individuelle [1]. »

L'État se conforme partout aux conseils de M. Léon Say ; il prodigue aux Sociétés de secours mutuels ses encouragements et ses subventions pécuniaires, exigeant en retour de ses faveurs certaines justifications. Les Sociétés qui veulent échapper à l'enregistrement ou à l'approbation sont libres à leurs risques et périls. Celles qui veulent jouir de la personnalité civile et d'autres privilèges n'ont qu'à opérer au grand jour, à publier leurs comptes rendus et à subir

---

[1] *Le Socialisme d'État*, p. 214.

un contrôle financier et même technique. Seulement cette approbation peut être facultative pour l'État, c'est-à-dire discrétionnaire, ou être attachée forcément à des conditions définies par la loi et rentrant dans le droit commun. Le premier régime, qui est celui de nos Sociétés de secours mutuels, a pour effet d'accroître le pouvoir et l'influence de l'État, tandis que le second, qui est le système des *Friendly societies* anglaises, convient aux peuples qui ont le sens et la pratique de la liberté.

Nous prenons ici sur le vif le rôle de l'État dans son essence; M. Léon Say admet parfaitement l'ingérence de l'État dans les Sociétés de secours mutuels, et la subordonne seulement « au respect de la liberté individuelle ». Je demande à élargir sa formule — et je suis sûr qu'il ne me désavouera pas — en y comprenant la liberté collective, en même temps que la liberté individuelle.

Il me semblerait, en effet, dangereux d'opposer sans intermédiaire l'individu à l'État. Dans cette lutte inégale, l'individu est écrasé d'avance. Si l'on recourt à l'État toutes les fois que l'individu sera convaincu d'impuissance pour assurer un de ces services indispensables à la marche des sociétés humaines, c'est à l'omnipotence de l'État que l'on aboutira par une pente fatale. L'envahissement graduel et irrésistible de l'État découle logiquement de l'individualisme. Tout y mène, tout y passe, de sorte qu'en dernière analyse, en face d'un État écrasant, d'un État-pilon débordant, il ne reste plus qu'une poussière d'individus, sans cohésion et sans liberté.

L'association est le seul moyen d'échapper à ces dangers. Elle groupe en un solide faisceau des forces homogènes et donne la clef de ces questions sociales dont on demanderait vainement à l'État la solution. Avant de s'adresser à l'État comme à la Providence visible, on doit se demander si l'association ne pourrait pas suffire au résultat qu'on poursuit et presque toujours on s'apercevra que l'on peut faire l'économie de ce recours à l'État, pourvu que l'on ait l'énergie et le bon sens nécessaires à la pratique de l'association. Tel est le secret des peuples libres qui font eux-mêmes leurs affaires, qui sont jaloux du *self government*, par contraste avec ces peuples affaissés qui attendent l'impulsion d'en haut et perdent à la fois l'habitude de penser par eux-mêmes et de vouloir.

Si les individus y gagnent de gérer leurs propres intérêts, l'État y trouve, de son côté, le double avantage de soulager sa responsabilité et de contribuer à l'éducation administrative du pays. Tout en laissant agir l'association, il aplanit devant elle les obstacles ; il l'encourage, il la guide, il la contrôle même, en échange des faveurs qu'il lui accorde. C'est là une féconde division du travail, qui laisse l'association et l'État opérer sur leur domaine légitime en vue de pourvoir à ces services d'intérêt public, tels que le placement des épargnes populaires, l'organisation de secours contre la maladie.....

Ce même principe une fois admis, sert à éclairer et à résoudre toutes les questions relatives aux autres crises dont l'ouvrier est menacé.

Après la maladie, l'accident. Il faut d'abord tout faire pour le prévenir. La moitié des accidents — et des plus graves — peut être prévenue par des appareils de sûreté et par des précautions bien entendues. Le respect de la liberté des adultes et la répugnance pour l'intervention de l'État ne peuvent aller jusqu'à livrer la santé et la vie des ouvriers à la cupidité ou à la négligence de certains patrons. « La loi, a-t-on dit, doit être la conscience de ceux qui n'en ont pas. » Elle est donc fondée à édicter de haut les règles de l'hygiène et de la sécurité des ateliers, et d'en surveiller l'application — et c'est ce qu'a fait notre loi du 13 juin 1893. Mais, **tout en reconnaissant** la légitimité de cette action publique, il faut lui demander de faire une large place, la plus large possible, à l'initiative collective et individuelle, notamment à celle des associations libres d'industriels.

Presque partout l'État a trouvé avantageux d'utiliser le concours de ces associations et de se décharger sur elles d'une partie de ses attributions, tout en gardant la haute main sur la sécurité des ateliers.

C'est surtout l'Allemagne qui présente sur ce point l'ensemble le plus fortement constitué. Elle juxtapose ses inspecteurs officiels à ceux des corporations ; mais elle laisse à ces derniers le rôle le plus actif et tient pour valables les épreuves auxquelles ils ont procédé. « Les inspecteurs officiels, dit M. Maurice Bellom, se contentent de rappeler les industriels à l'observation des règlements formulés par les corporations elles mêmes, et tendent même à s'en remettre aux mandataires de celles-ci du soin de la surveillance industrielle »[1]. C'est une surveillance à deux degrés, en cascade : L'État surveillant de haut les surveillants institués par les associations libres.

Mais, malgré toutes les précautions qu'on peut prendre, un certain nombre d'accidents déjouent la prudence humaine. Ces accidents qu'on ne peut prévenir, il faudra en réparer les conséquences pour les victimes et leurs familles.

M. Cheysson rappelle qu'il a traité longuement la question de la réparation des accidents devant la Société d'économie politique[2]. Il

---

[1] Bulletin du *Comité des accidents*, n° 3, 1890, p. 145.
[2] Voir *Bulletin de la Société d'Économie politique*. Année 1888, page 35.

n'y reviendra donc pas aujourd'hui et se bornera à dire que, s'il repousse l'assurance obligatoire et l'organisation de l'assurance par l'Etat, il admet parfaitement que l'Etat réglemente la responsabilité des patrons, mais à condition de leur laisser le choix d'être leurs propres assureurs, de recourir aux Compagnies privées, ou de constituer des syndicats d'assurance mutuelle, cette dernière forme semblant à M. Cheysson celle qui mérite la prédilection et les encouragements de l'Etat. — Toujours l'Etat contrôleur en face de l'association agissante ; l'Etat fixant les garanties, les réparations ; l'association se mouvant librement dans le cercle qui lui est assigné par la loi—*sub lege libertas*—et sachant adapter à chaque cas particulier la solution qui convient, tandis que l'action publique procède à coup de formules d'une implacable uniformité.

Enfin, nous voici arrivés à la crise de la vieillesse. L'ouvrier ne peut plus travailler à cause du déclin de ses forces : il n'a pas eu le courage ou la possibilité de s'amasser quelques ressources pour ses vieux jours ; il va donc être brusquement condamné à la misère et tomber à la charge de l'assistance publique, si l'on n'a pas su lui constituer une retraite.

Aucun problème n'est plus difficile que celui-là, au point de vue technique et au point de vue financier comme au point de vue social. Nulle part, les erreurs ne sont plus à craindre et n'ont des conséquences plus graves.

Pour la maladie, et tant qu'on se borne à des secours immédiats, l'erreur ne peut jamais mener bien loin. Si l'on a mal établi ses calculs, on s'en aperçoit au bout de l'année, au plus prochain inventaire et l'on peut y porter à temps remède. Il n'en va pas de même dès qu'il s'agit de pensions de vieillesse ou d'accidents. Ici les conséquences sont infiniment plus obscures à prévoir d'avance, plus longues à se produire, plus difficiles à conjurer le jour où elles éclatent. Ce n'est pas avant un demi-siècle qu'une institution de ce genre est arrivée à son fonctionnement normal. Si l'on en a mal agencé les organes, il est trop tard : elle peut être irrémédiablement compromise.

D'autre part, le patron a-t-il le droit d'assumer ces engagements à longue échéance, sans aucune garantie pour ses ouvriers ? C'est une portion de salaire qu'il leur retient pour la leur payer dans trente ans. N'y a-t-il aucune précaution à prendre pour qu'il s'acquitte plus tard de sa dette ? Doit-on lui laisser garder dans sa caisse les sommes destinées à gager ces pensions ? Cette promiscuité des fonds de la prévoyance et des fonds de l'industrie est pleine de périls : tout est possible avec l'aléa des affaires, et des

exemples récents ne l'ont que trop prouvé. On comprend l'émotion.
que ces faits ont soulevée : car il n'est pas de spectacle plus affli-
geant que celui d'un ouvrier atteint par la vieillesse ou mutilé par
un accident et que la déconfiture d'une caisse de secours confiée au
patron vient à priver de la pension qui devrait servir à le faire
vivre et qui, dans bien des cas, est le prix du sang.

Ici encore on ne peut donc en vouloir à l'État s'il impose, non
pas ces institutions de prévoyance dont la fécondité dépend à la
fois de la spontanéité de leur création et de la liberté qu'on leur
laisse, mais des règles de sécurité technique et financière, qu'elles
ne sauraient enfreindre sans péril pour leur vitalité. L'État peut
donner à ces institutions des encouragements et des subventions,
comme il le fait pour les sociétés de secours mutuels, à titre de
simple « chiquenaude initiale », mais en échange du contrôle qu'il
exercera pour assurer la régularité de leur fonctionnement et non
pour gêner leur indépendance. Il peut même organiser une caisse
nationale comme celle de la loi de 1850 qui reçoit les petites assurances populaires dédaignées par les compagnies d'assurances et
procurer à ses clients, avec une sécurité absolue, l'inappréciable
avantage de toucher leur pension sur tous les points du territoire.

S'il ne craignait d'abuser de la patience de ses collègues, M. Cheysson pourrait soumettre à un rapide examen analogue les lois sociales qui s'adressent à l'ouvrier, non pas en crise, mais dans son
état normal de travail et de santé, telles que celles qui ont trait aux
caisses d'épargne, aux sociétés coopératives, aux habitations ouvrières (1). Dans ces lois comme dans celles qu'il a précédemment

---

1 Au cours de la discussion qui a suivi son exposé, M. Cheysson a été
amené à s'expliquer dans les termes suivants, sur la question des habitations
ouvrières :

« L'action des patrons, inspirée par des nécessités industrielles ou des
considérations philantropiques, a beaucoup fait assurément pour les agglo-
mérations ouvrières en rase campagne ; mais, dans les grandes villes,
presque tout reste encore à faire. Certes, M. Cheysson, qui est mêlé de très
près à ce mouvement, suit les admirables efforts faits à Paris, Marseille,
Lyon, Rouen, Reims, Lille..., par l'initiative privée ; mais combien les résultats ne sont-ils pas disproportionnés avec le mal ! Des enquêtes ont révélé
l'effroyable étendue de ce mal qui, au point de vue de la santé, de la mora-
lité et de la sécurité publique, prend les proportions d'un péril national.
Quand on s'est penché sur ce gouffre et qu'on en a sondé la profondeur, on
ne peut plus se laisser rassurer par les quelques maisons bâties çà et là
pour arracher au taudis des centaines de familles. Cela ne suffit pas : il faut
un grand effort, une coalition de l'État, des associations et des individus, sur

passées en revue, il aurait montré que, tout en laissant la part prépondérante à l'initiative privée, il reste à l'État un rôle légitime à remplir, celui de gardien des intérêts généraux, de contrôleur compétent et bienveillant. L'État a le droit et même le devoir de veiller à la salubrité des logements, comme à celle des aliments, de contenir les spéculations immondes qui reposent sur l'alcoolisme et la pornographie, d'empêcher l'épargne des pauvres gens d'être drainée par des entreprises véreuses sur la foi de promesses mensongères, de prévenir les abus du *Truck-System* et autres nuisances contre lesquelles les adultes eux-mêmes seraient désarmés.

M. Cheysson pense qu'en se plaçant sur ce terrain, en y faisant la part de l'État, en reconnaissant ses droits et la légitimité de son rôle, les économistes seraient en bien meilleure situation pour arrêter ses empiètements qu'en dénonçant toutes ses interventions comme abusives. Il entend défendre aussi énergiquement que pas un de ses collègues le domaine de l'initiative individuelle et collective contre l'initiative de l'État, mais à ce socialisme il oppose le « libéralisme d'État » ne se résignant à l'action qu'à contre-cœur quand il s'agit d'un grand intérêt public qui resterait en souffrance, et pour suppléer à la torpeur, à l'égoïsme ou à l'impuissance de l'initiative privée, s'efforçant de susciter cette initiative, de la guider, de l'encourager, au lieu de la supplanter et de l'entraver, se donnant, en un mot, pour tâche de se rendre inutile et de se borner à veiller de haut sur les services accomplis librement par les associations ou les individus.

En résumé, les facteurs que l'on rencontre en jeu à des degrés divers dans presque toutes les questions sociales sont l'État, l'association, l'individu, en distinguant encore dans l'action collective et individuelle celle des patrons et de l'ouvrier.

Chacune de ces forces a ses partisans et ses avocats : les uns veulent tout demander à l'État ; les autres tout au patron, d'autres enfin tout à l'ouvrier. « Pendant que les théoriciens et les sectaires

---

le modèle du mouvement belge et du mouvement anglais, qui, sous nos yeux, produisent des merveilles, dont on peut être jaloux pour notre pays. Tel est l'objet de la loi en discussion devant les Chambres françaises, et dont les amis des habitations ouvrières attendent le vote avec une extrême impatience. Par l'organisation des comités de patronage, par les encouragements directs et les immunités qu'elle confère aux sociétés anonymes et coopératives de construction (pourvu qu'elles limitent leurs bénéfices à un taux très réduit), cette loi est un véritable type de l'intervention légitime de l'État et donnera à ce mouvement, beaucoup trop lent aujourd'hui, l'essor nécessaire pour le mettre au niveau de l'effrayante intensité des besoins.

discutent entre eux, a dit M. Luzzatti, les économistes pratiques, écartant toute exclusion systématique, prenant leur bien où ils le trouvent et sont persuadés que les misères humaines sont si complexes qu'il faut les secourir par tous les moyens dont on dispose'. » Le mal est, en effet, si grand et si profond, qu'on n'a le droit de négliger aucun concours, et qu'à la condition de renfermer chacun de ces facteurs dans sa sphère légitime d'action, on doit les faire tous collaborer à l'œuvre commune.

M. Cheysson a essayé de définir quelle était la sphère de l'État. Il lui semble qu'ainsi compris, le rôle de l'État n'a rien qui doive exciter les appréhensions des économistes. Comme l'a si bien dit M. Frédéric Passy, en résumant la séance du 4 novembre dernier, l'Etat qui agit dans les limites de son domaine, n'opprime pas la liberté, mais il sert, au contraire, à la garantir contre les empiètements d'autrui.

En résumé, M. Cheysson se défend de se séparer de ses amis. Il reste dans leurs rangs pour combattre avec eux le socialisme et l'intervention de l'État, chaque fois qu'elle sortira de son domaine légitime; mais il pense que cette résistance aura plus de chances de succès, si au lieu de se tenir, comme des siméons Stylites, sur la colonne d'or de ces principes abstraits et de ces formules générales sur lesquels ne sauraient avoir de prise, ni le temps, ni le milieu, ni l'état des mœurs et de l'opinion publique, les économistes daignaient en descendre et se mêler au flot des événements contemporains pour chercher à le diriger et à le canaliser, en creusant des lits distincts à chacun des courants qui le composent, y compris celui de l'État, dont les démocraties modernes tendent, par des poussées irrésistibles, à accroître sans cesse la vitesse et l'ampleur.

Paris. — Typ. A. DAVY, 52, rue Madame. — *Téléphone*.